10-11 ans

CM2

Les cahiers

Bescherelle

Dictées

Valérie Marienval
professeur des écoles

Jean-Jacques Rodes
professeur des écoles

HATIER

Sommaire

Les textes des dictées et les corrigés des exercices sont placés en milieu d'ouvrage sur des feuillets détachables.

Les dictées se font sur le bloc .

Conception graphique et mise en pages : Nadine Aymard
Couverture : Pouty Design – **Illustrations :** Pascal Gauffre

Comment utiliser Bescherelle Dictées

Le cahier

Bescherelle Dictées est une méthode destinée à aider l'enfant à bien intégrer les difficultés principales de la langue française et à savoir les appliquer dans une dictée. Il est donc indispensable de suivre l'ordre proposé, d'abord les exercices, puis la dictée.

Mais bien sûr, il faut **laisser du temps à l'enfant pour que la notion d'orthographe « mûrisse »**. Pour cela, chaque notion est développée progressivement sur une double page, et nous proposons d'y consacrer 1 à 2 séances, voire plus, selon le rythme de l'enfant.

Sur la page de gauche : une règle d'orthographe et une histoire à lire, dont le vocabulaire, choisi soigneusement, correspond à la notion d'orthographe.
Sur la page de droite :
– « Joue avec les mots » : des exercices ludiques reprenant les mots du texte de lecture.
– « Entraîne-toi maintenant » : des exercices plus difficiles pour appliquer ce que l'on a appris.

Les personnages

Cinq journalistes en herbe vont accompagner l'enfant tout au long de ce cahier. Au travers des reportages réalisés pour leur journal télévisé, nos cinq héros abordent différents domaines tels que l'histoire, la géographie, les sciences, les arts, le sport ou l'éducation civique.
Notre objectif est de conjuguer le travail de l'orthographe et la lecture de textes contenant un apport culturel adapté au niveau des enfants.

Les mots ou groupes de mots soulignés sont des pièges ! Ils ne correspondent pas forcément à la notion étudiée, mais l'enfant les retrouvera dans la dictée. Il doit les mémoriser.

Les corrigés

Tous les exercices sont corrigés sur des feuillets détachables au centre du cahier.

Le bloc

La dictée se fait sur le bloc.
Les textes des 20 dictées se trouvent au centre du cahier, sur des feuillets détachables.
Ces textes sont la suite des histoires lues au début de chaque chapitre.
Des conseils, situés en bas de chaque feuillet, permettent à l'enfant d'acquérir des réflexes de relecture.

Les auteurs

1 Les mots invariables

Orthographe d'usage

Observe la règle

- Un mot invariable est un mot qui ne change jamais d'orthographe.
  – Il faut donc bien les observer et les apprendre par cœur.
  – Parmi les différentes natures de mots invariables, on trouve les prépositions, les conjonctions, les adverbes.

- De nombreux adverbes de manière se forment avec l'adjectif qualificatif au féminin + le suffixe « ment » : chaude/ment.

- Attention !
  Pour les adjectifs en ant, l'adverbe s'écrit amment : puissant → puissamment.
  Pour les adjectifs en ent, l'adverbe s'écrit emment : patient → patiemment.

Lis attentivement le texte

SILENCE ! ON TOURNE…

Envoyé par Téléjunior, Brice se rend sur le tournage d'un film d'action. Très impressionné, il se faufile précautionneusement jusqu'à la place qu'on lui a attribuée. Il observe en silence. Les acteurs écoutent attentivement les conseils du réalisateur avant de jouer la scène.
– Toi, Steve, tu regardes James méchamment puis tu te retournes et tu marches lentement vers la porte. Quand tu l'ouvres, James bondit sur toi et te projette violemment au sol. Sonia te sourira tendrement, mais quand tu tenteras de te relever, elle t'assommera avec ce vase. Ne t'inquiète pas, c'est du plastique.
Le lendemain, on doit filmer un accident de voiture. Les cascadeurs vont réaliser leur numéro et Brice est invité…

Joue avec les mots

1 Relève les mots invariables du texte et classe-les.

issus d'un adjectif qualificatif en « ment »	autres mots invariables
....	....
....	....
....	....

2 Relie l'adjectif masculin, l'adjectif féminin et l'adverbe en « ment ».

total •	• brutale •	• totalement
brutal •	• totale •	• grandement
grand •	• délicate •	• brutalement
pénible •	• grande •	• délicatement
délicat •	• pénible •	• péniblement

Entraîne-toi maintenant

Observe bien ce mot piège, tu le retrouveras dans la dictée.

3 Complète les adverbes suivants avec emment ou amment.

sav.................. intellig..................

prud............. réc.....................

ard.............. appar..................

évid................ brill....................

4 Récris les phrases en remplaçant les mots en gras par leur contraire.

1 Tu appuies **rapidement** sur le bouton et la porte s'ouvre **devant** toi.

....

2 On ne pense **jamais trop** à ceux qui vivent **pauvrement**.

....

3 Les élèves entrent **bruyamment** en cours.

....

4 **Avant** le concert, les musiciens mangent **peu**.

....

Pour connaître la suite de l'histoire, fais maintenant la dictée 1 sur ton bloc !

2 Les noms terminés par é, té, tié, ié

Orthographe d'usage

Observe la règle

- Les noms féminins terminés par é s'écrivent ée : une bouée - l'entrée.
  Sauf : la clé - la clef.
- Les noms féminins terminés par té ou tié s'écrivent é :
  la beauté - l'amitié.
  Sauf : une dictée - la montée - la portée - la jetée,
  et les noms exprimant un contenu : une cuillerée - une pelletée...
- Les noms masculins terminés par é, té, tié ou ié s'écrivent le plus souvent é, er : du blé - le goûter - le quartier - un cahier.
  Sauf : le lycée - le musée - un nez - le pied - un trophée.

Lis attentivement le texte

LES DROITS DE L'ENFANT

Nadir organise une émission-débat pour Téléjunior sur les droits de l'enfant.
– Dans notre pays dont la devise est : « Liberté, Égalité, Fraternité », les enfants n'ont pas le droit de travailler avant 16 ans. Qu'en pensez-vous ?
– Je suis au lycée et je n'ai que 15 ans, mais je voudrais travailler pendant l'été pour gagner un peu d'argent.
– Moi, j'ai 16 ans. Un boulanger m'emploie le dimanche matin. Je suis payé la moitié du salaire habituel, mais je vais m'offrir un stage de canoë.
Nadir reprend la parole :
– En France, les enfants sont maintenant protégés par les lois du travail, mais au 19e siècle, ils pouvaient passer des journées de 12 heures à côté d'une machine pour une assiettée de soupe et un salaire de misère.
Dans le monde, la Déclaration des droits de l'enfant de 1989 n'est pas toujours respectée...

Joue avec les mots

1 Classe les noms du texte terminés en é dans le tableau.

féminin		masculin	
....	....	....	....
....	....	....	....
....	....	....	....

2 Trouve dix noms de végétaux (arbres, fleurs, etc.) dans la grille et recopie-les avec leur déterminant.

A	Z	A	L	E	E	U	Z	C
B	P	O	M	M	I	E	R	O
R	O	S	I	E	R	P	G	C
I	V	X	P	L	T	O	I	O
C	Y	R	E	D	C	I	R	T
O	R	A	N	G	E	R	O	I
T	F	H	S	G	J	I	F	E
I	K	M	E	Q	W	E	L	R
E	S	M	E	N	U	R	E	A
R	C	E	R	I	S	I	E	R

....
....
....
....
....
....
....
....
....
....

Entraîne-toi maintenant

Observe bien ce mot piège, tu le retrouveras dans la dictée.

3 Écris le nom féminin appartenant à la même famille.

atroce → une ....

obscure → l'.....................

la lumière → la ....

la brouette → une ....

4 Complète les noms masculins et féminins en é.

1 Cette ann...., un jeune pianiste a obtenu le troph.... aux Victoires de la musique classique. 2 Quand te décideras-tu à me dire la vérit.... ?

3 Nadir a mérité sa bonne note à son expos.... sur la sociét.... française.

4 Plus tard, il sera peut-être conférenci.... dans une universit.... .

Pour connaître la suite de l'histoire, fais maintenant la dictée 2 sur ton bloc !

3 Les consonnes doubles

Orthographe d'usage

Observe la règle

- Les consonnes doubles sont souvent :
  – entre deux voyelles : une pomme,
  – entre une voyelle et une consonne (l ou r) : souffler.
- La consonne finale de certains noms ou adjectifs qualificatifs masculins se double au féminin : une gros/se chat/te.
- Avec certains préfixes, on double la première consonne du radical : im/mobile.

Attention ! On ne double jamais la consonne qui suit une voyelle accentuée : la fête.

Lis attentivement le texte

UN SIÈCLE D'INVENTIONS

Paul a retrouvé des numéros du Petit Journal datant du 19e siècle. « Quelle époque étonnante ! » se dit-il. Comment autant d'immenses inventions ont-elles pu se succéder en si peu de temps ?
D'abord effrayés par le train, les gens finissent par l'apprécier. Les lignes ferroviaires se multiplient, les grandes villes comme Paris s'éclairent au gaz. Les machines à vapeur changent la vie quotidienne, de nouvelles usines apparaissent.
À la fin du 19e siècle, la cadence des découvertes s'accélère : en quelques années, le téléphone, le phonographe, le vaccin contre la rage de Pasteur, accompagnés bientôt de la première voiture en 1889 et du premier avion en 1890, surprennent les journalistes de cette époque. L'un d'eux raconte…

Joue avec les mots

1 Relève les mots du texte contenant une consonne double :

– entre deux voyelles : ....

....

....

....

– entre une voyelle et une consonne : ....

2 Entoure l'intrus, s'il y en a un.

1 des chandelles - la marelle - une selle - il dégèle

2 apprendre - l'hôpital - elle applaudissait - la grippe

3 bonne - sonnantes - il donne - une personne - elle ronronne

4 affolement - défouler - une coiffeuse - officiel - difficile

Entraîne-toi maintenant

~~ Observe bien ce mot piège, tu le retrouveras dans la dictée.

3 Trouve un mot de la même famille.

un accroc → (verbe) ....

irréel → (féminin) ....

interroger → une ....

trottiner → une ....

raffiné → une ....

commander → le ....

l'attente → (verbe) ....

vacillante → (verbe) ....

4 Écris le mot qui convient dans chaque phrase.

1 (pâte - patte) Ta .... feuilletée est très réussie !

2 (date - datte) À quelle .... pensez-vous venir ?

3 (arête - arrête) Virginie .... le violon cette année.

4 (goûte - goutte) Ils n'ont mis que quelques .... de fleur d'oranger mais cela suffit à parfumer le gâteau.

5 (mètre - mettre) Dans quel musée trouve-t-on le .... -étalon ?

6 (sale - salle) L'Olympia reste encore l'une des .... de spectacle les plus prestigieuses de Paris.

Pour connaître la suite de l'histoire, fais maintenant la dictée 3 sur ton bloc !

4 Les lettres finales muettes

Orthographe d'usage

Observe la règle

- Une lettre finale muette est une lettre que l'on n'entend pas :
  lent - trop.
- Pour trouver la lettre finale muette, on peut :
  – mettre le mot au féminin : lent → lente,
  – trouver un mot de la même famille : un saut → sauter,
  – chercher dans le dictionnaire : le lilas.
- Rappel ! La ou les lettres finales muettes sont **aussi** les marques d'accord du verbe et des éléments d'un groupe nominal.

Lis attentivement le texte

LE PROFESSEUR MÉDOCK, MÉCANICIEN DU CORPS HUMAIN

Maï-Lihn rencontre le professeur Médock dans un centre de médecine sportive.
– Expliquez-nous comment le corps humain peut se mettre en mouvement.
– C'est compliqué, mais comparons cela avec un moteur de voiture. Il utilise du carburant : l'essence qui explose dans les pistons en présence d'oxygène. Ainsi la voiture se déplace, le moteur chauffe et il rejette des déchets, dont le CO_2, par le pot d'échappement.
– Je ne vois pas le rapport avec nos muscles !
– Notre essence, c'est le sucre des aliments. Le sang l'apporte aux muscles avec l'oxygène que nous respirons.
– Mais, ils n'explosent pas !
– Heureusement, non ! Les sucres s'oxydent, comme s'ils brûlaient sans flamme. Ils produisent ainsi notre force, la chaleur de notre corps et des résidus comme le CO_2.

Pendant ce temps, un athlète pédale sur un vélo d'appartement sans effort, comme s'il roulait sur un terrain plat…

Joue avec les mots

1 Relève dans le texte les mots contenant une lettre finale muette qui ne soit pas une marque d'accord.

....

....

....

....

2 La lettre finale muette du 1er mot doit être la 1re lettre du mot suivant ; à toi de les remettre dans l'ordre ! sursaut - plomb - profit - galop - chocolat - long - sourcil - tronc - tapis - cadenas - trop - tabac - point

drap - ....

....

....

Entraîne-toi maintenant

~~ Observe bien ce mot piège, tu le retrouveras dans la dictée.

3 Trouve le féminin ou un mot de la même famille.

exploit → ....

campagnard → ....

respect → ....

poing → ....

front → ....

bond → ....

puissant → ....

blanc → ....

flot → ....

fusil → ....

4 Complète la fin des mots.

1 Un sportif de hau… niveau fait de gro… effor…. au quotidien. **2** Pendan… qu'elle faisait le réci… de ses exploi… , je rêvais à d'autres pay… . **3** Florian est arrivé en retar…. à sa séance d'orientation en forê… . **4** Mamie a fini le premier ran… de trico… du pull qu'elle veut offrir à son peti…-fils. **5** Les amis de mes paren…. ont rempli un consta… d'acciden… avan… d'arriver chez nou… .

Pour connaître la suite de l'histoire, fais maintenant la dictée 4 sur ton bloc !

5 si/s'y – ni/n'y – leur/leurs

Homonymes grammaticaux

Observe la règle

Ne confonds pas :

- si : mot invariable. Si tu as froid, couvre-toi. - Elle est si drôle.
  s'y : devant un verbe, tu peux le remplacer par m'y, t'y.
  Il s'y prépare. → Tu t'y prépares.

- ni : marque la négation. Il n'a ni chaud ni froid.
  n'y : négation devant un verbe. Je n'y vois rien.

- leur : pronom personnel devant un verbe, pluriel de lui, invariable.
  Elle leur plaît beaucoup.
  leur ou leurs : déterminants possessifs devant un nom. Tu peux les remplacer par notre ou nos : Leur chien - leurs chiens → notre chien - nos chiens.

Lis attentivement le texte

EXPÉDITION HIVERNALE EN LAPONIE

Suzann et Nadir partent, pour Téléjunior, en expédition de ski nordique en Laponie. Ils ont fière allure dans leurs combinaisons. Pour les préparatifs, on leur a recommandé de s'y prendre longtemps à l'avance. Il fait si froid qu'il ne faut rien oublier : ni la nourriture déshydratée, ni la trousse de secours, ni surtout la tente isotherme et le chauffage adapté. Ils ont chargé le matériel sur leur pulka, sorte de traîneau qu'ils tirent eux-mêmes sur la neige.

– Si on ne l'avait pas, on n'y arriverait jamais ! pense Suzann.

Ils glissent dans le désert blanc. Le brouillard tombe et les entoure… le blanc est partout…

Joue avec les mots

1 Complète à l'aide des phrases du texte.

leur/leurs	si/s'y	ni/n'y
dans ...... combinaisons on .... a recommandé	il fait ...... froid de ..... prendre longtemps à l'avance	.... la nourriture, ... la trousse on ..... arriverait jamais

2 Entoure la bonne orthographe.

1 *N'y / Ni* pense plus, tout va s'arranger !

2 Quand je serai grand, je ne voudrai ***n'y / ni*** me fiancer, ***n'y / ni*** me marier.

3 *Si / S'y* tu parles anglais, tu peux voyager presque partout dans le monde.

4 Ils *s'y / si* intéressent lorsqu'ils en ont besoin !

Entraîne-toi maintenant

3 Complète par leur ou leurs.

1 Quelle est .... bande dessinée préférée ?

2 .... pieds sont gelés et il .... manque des couvertures.

3 Ce sont .... histoires, cela ne nous regarde pas !

4 Mets les phrases au pluriel.

1 Fred **lui** propose de participer à l'un de **ses** matchs.

Fred et Baptiste ....

2 **Lui** as-tu donné **ses** cadeaux ?

....

5 Salade mélangée de si / s'y ; ni / n'y ; leur / leurs.

1 Bien sûr que ... , c'est .... première expédition dans le Grand Nord !

2 Ils ne sont .... fous .... stupides, seulement passionnés.

3 Tous .... amis rêvent de ..... rendre avec eux, mais ils ......
parviendront pas puisqu'ils préparent d'autres reportages !

Pour connaître la suite de l'histoire, fais maintenant la dictée 5 sur ton bloc !

6 quand/quant/qu'en – dans/d'en – sans/s'en

Homonymes grammaticaux

Observe la règle

Ne confonds pas :

- quand : tu peux le remplacer par lorsque. Quand tu seras prêt…
  quant : s'écrit devant à, au, aux.
  Tu peux le remplacer par en ce qui concerne : Quant au reste de la classe…
  qu'en : remplace que + en. Elle ne partira qu'en juin.

- dans : indique le lieu. Il y a un virus dans mon ordinateur.
  d'en : remplace de + en. Tu viens d'en parler.

- sans : indique un manque. Un poème sans intérêt.
  s'en : remplace se + en.
  Tu peux le remplacer par m'en : Il s'en souvient. → Je m'en souviens.

Lis attentivement le texte

ROMAN POLICIER : INTERVIEW D'UN AUTEUR

Brice interroge pour Téléjunior Yann Adétrass, auteur de romans policiers.

– Pourquoi écrire des histoires qui font peur ?

– Dans mes romans, il se passe des choses effrayantes, mais rappelez-vous les contes que vos parents vous lisaient quand vous étiez petits. Ils ne s'en apercevaient pas mais ils vous racontaient des histoires horribles d'enfants abandonnés, de sorcières qui empoisonnent les princesses… Quant à vous, vous leur demandiez d'en raconter d'autres ; vous adoriez sentir qu'en vous grandissaient des frissons de terreur… Mes romans sont sans doute des contes pour grandes personnes…

Joue avec les mots

1 Complète à l'aide des phrases du texte.

dans/d'en	quand/quant/qu'en	sans/s'en
…….. mes romans ……. raconter	……….. vous étiez ………… à vous sentir ……… vous	Ils ne ….. apercevaient pas Ils sont ……. doute

2 Choisis la bonne orthographe.

1 (Sans/S'en) ………… dents, il est difficile de mâcher !

2 (Quand/Qu'en/Quant) ………….. viendras-tu au marché ?

3 J'ai décidé (dans/d'en) …………. parler.

Entraîne-toi maintenant

Observe bien ce mot piège, tu le retrouveras dans la dictée.

3 Complète avec :

sans ou s'en

C'est ……… importance !

Il ……. moque.

Voie ……… issue.

dans ou d'en

Il exige …….. savoir plus.

……… trois jours, c'est Noël !

Ils habitent ……… quelle région ?

4 Complète avec quand, qu'en ou quant.

En montagne, les fleurs de printemps n'apparaissent ……………… mai, ……………… la neige a fondu.

………… au reste de la végétation, elle a également beaucoup de retard sur les autres régions.

5 Salade mélangée de quand / quant / qu'en ; sans / s'en ; dans / d'en.

1 ………. on est …….. un cauchemar, on a envie ……. sortir, …….. succès.

2 ……… aux rêves agréables, on voudrait …….. souvenir longtemps.

3 Elle écoute toujours les mêmes disques, ……. pensez-vous ?

4 Peut-être finira-t-elle par ………. lasser ?

Pour connaître la suite de l'histoire, fais maintenant la dictée 6 sur ton bloc !

7 quel(s)/quelle(s)/qu'elle(s) – la/là/l'a – on/on n'

Homonymes grammaticaux

Observe la règle

Ne confonds pas :

- **quel** : s'accorde en genre et en nombre avec le nom.
  Quel est ce secret ? Quelles voix extraordinaires !
  qu'elle(s) : remplace que + elle. Tu peux le remplacer par qu'il :
  Je pense qu'elle sera ravie. → Je pense qu'il sera ravi.

- **la** : déterminant féminin ou pronom personnel complément.
  La vache est dans le pré. Le petit veau la suit partout.
  l'a : tu peux remplacer par l'avait. Il l'a accompagné.
  là : tu peux le remplacer par ici. C'est là le centre-ville ?

- **on** : devant un verbe commençant par une voyelle.
  On adore patiner. (forme affirmative)
  on n' : négation contractée. On n'adore pas patiner. (forme négative)
  Astuce ! Tu peux remplacer on par il.

Lis attentivement le texte

LE JOURNAL DE 20 HEURES

Nadir est en formation dans les studios d'une grande chaîne nationale de télévision qui l'a sélectionné pour un stage. Il passe devant la salle informatique, là où arrivent les informations du monde entier. Dans la pièce voisine, le comité de rédaction se réunit : Quelle cacophonie ! Quel bruit ! Les journalistes discutent avec animation : Quels sujets choisir ? Dans quel ordre les présenter ?

– Si on votait ?

– Si on n'aborde pas cette question, je claque la porte !

La présentatrice-vedette s'isole dans son bureau. C'est là qu'elle rédige le texte final qui défilera sur le prompteur*.

* Appareil sur lequel défilent les textes lus par la présentatrice.

Joue avec les mots

1 Complète à l'aide des phrases du texte.

la/là/l'a	quel(s)/quelle(s)/qu'elle(s)	on/on n'
qui …… sélectionné	………. cacophonie !	Si ….. votait ?
devant …. salle informatique	…….. bruit !	Si …… aborde
… où arrivent les informations	……….. sujets choisir ?	pas la question
	c'est là ………. rédige	

2 Relie ce qui est possible.

quel •	• région attrayante !	la •	• -bas ou ailleurs !
quels •	• petit prétentieux !		• chauve-souris.
quelle •	• a de la chance !	là •	• -t-il acheté ?
quelles •	• sont originales !		• , c'est confortable.
qu'elle •	• grandes oreilles !	l'a •	• place de la Bastille.
qu'elles •	• farceurs !		

Observe bien ce mot piège, tu le retrouveras dans la dictée.

Entraîne-toi maintenant

3 Complète les phrases avec on ou on n'.

1 ………….. a d'yeux que pour elle !

2 Quand ……… a bien travaillé son souffle, on chante mieux.

3 Oui, ………. arrive dans trois minutes.

4 Salade mélangée de quel(s) / quelle(s) / qu'elle(s) ; la / là / l'a ; on / on n'.

1 ………….. recette alléchante, …. achètera les ingrédients ?

2 Maman nous …. préparera pour ce soir, pourvu ………… la réussisse !

3 À ……… moment puis-je venir répéter …. chanson avec toi ?

4 C'est à cet endroit- …. du morceau qu'….. improvisera.

5 ……… aura pas le droit de se tromper !

6 …….. trac ! Je crains ………… ne leur plaisent pas.

Pour connaître la suite de l'histoire, fais maintenant la dictée 7 sur ton bloc !

8 L'accord en genre et en nombre dans le groupe nominal (1)

Orthographe grammaticale

Observe la règle

- Tous les éléments d'un groupe nominal (GN) ont le même genre :
  masculin : un grand invité ou féminin : une grande invitée.
  – certains noms et adjectifs modifient leur terminaison au féminin :
  le musicien – le boulanger → la musicienne – la boulangère
  le conducteur – vif – peureux → la conductrice – vive – peureuse.
  – certains noms et adjectifs ne changent pas au féminin :
  un habile acrobate → une habile acrobate.
  – certains noms masculins changent complètement au féminin :
  un oncle → une tante.

- Tous les éléments d'un groupe nominal ont le même nombre :
  singulier : un grand sportif ou pluriel : des grands sportifs.
  – les noms et adjectifs prennent un x quand ils se terminent en
  eu : un jeu → des jeux (sauf des pneus, des bleus)
  au, eau : un gâteau → des gâteaux
  al : un journal → des journaux (sauf les carnavals, les chacals, les festivals, les bals, les régals, banals, bancals, natals, navals).
  – les noms en ail et en ou prennent un s au pluriel (sauf des coraux, des émaux, des travaux, des vitraux... ; des bijoux, des genoux, des poux...).

Lis attentivement le texte

L'ANDALOUSIE AU RYTHME DU FLAMENCO

Suzann se rend pour Téléjunior en Andalousie, une région d'Espagne tout au sud de l'Europe. À Grenade, elle visite des palais merveilleux et des jardins féeriques aux plantes méditerranéennes.
L'un des palais est en travaux. Tant pis, elle va voir une exposition d'émaux anciens.
Ce soir, elle aura le choix entre deux festivals de flamenco : ceux de Séville ou de Cordoue...

Joue avec les mots

1 Complète les groupes nominaux du texte au pluriel et indique le genre dans la parenthèse.

des palai… merveilleu… ( )
des jardin… féerique… ( )
des plante… méditerranéenne… ( )
des trav…… ( )
des ém…… ancien… ( )
deux festiv…… ( )

2 Relie les GN à la marque du pluriel exacte, puis recopie au pluriel.

1 un nouveau jeu ● ● AUX des ……………………………………
2 un journal régional ● ● X des ……………………………………
3 un vrai régal ● ● S des ……………………………………

Entraîne-toi maintenant

Observe bien ce mot piège, tu le retrouveras dans la dictée.

3 Écris les phrases au singulier.

Les éventails s'agitent. ……………………………………
Les épreuves finales se terminent. ……………………………………
Les fières danseuses sont parées de bijoux. ……………………………………
Ces lieux originaux deviennent rares. ……………………………………

4 Écris les mots en gras au féminin.

Le vieux pharmacien vérifie, l'air **soucieux**, une ordonnance.

……………………………………

Un jeune conducteur sérieux doit être très **prudent**.

……………………………………

5 Écris les phrases au pluriel. Attention à l'accord des verbes !

1 Ce tableau n'est pas banal ! 2 C'est une accumulation de vitrail, d'émail, de végétal séché. 3 Ce travail présente un idéal artistique.

……………………………………
……………………………………
……………………………………

Pour connaître la suite de l'histoire, fais maintenant la dictée 8 sur ton bloc !

9 L'accord en genre et en nombre dans le GN (2) : cas particuliers

Orthographe grammaticale

Observe la règle

- **Tous les éléments d'un groupe nominal ont le même genre et le même nombre :**

un petit homme, une petite femme → des petits hommes, des petites femmes.
masculin singulier — féminin singulier — masculin pluriel — féminin pluriel

- **Quand les noms ont des genres différents, l'adjectif qualificatif s'accorde au masculin pluriel : la jupe, la chemise et le pantalon colorés.**

- **Les adjectifs de couleur suivent la règle générale d'accord :**

une robe noire → des robes noires

sauf – les noms employés comme adjectifs de couleur : des chaussures orange (exceptions : roses, mauves, fauves),
– les adjectifs composés : des gants bleu marine.

Lis attentivement le texte

LA PEINTURE, UNE AVENTURE EN COULEURS

Brice, suivi d'un caméraman de Téléjunior, s'approche discrètement d'un peintre qui a installé son chevalet face à la mer dans un petit port de pêche.
Les pinceaux s'activent, mélangent pigments et peintures disposés sur la palette.
Les gouaches bleu outremer et bleu turquoise se rencontrent pour créer une nouvelle nuance.
D'un geste précis, le peintre trace des traits et des lignes colorés sur la toile.
Alors que le soleil descend à l'horizon, les teintes jaunes, orange, roses et même rouge grenat apparaissent par touches dans le paysage.
– Je reviendrai demain, dit l'artiste, je veux reproduire fidèlement la lumière au soleil couchant.
Brice se rend alors dans une petite rue du centre-ville où il pousse la porte d'un atelier.

Joue avec les mots

1 Relève et classe les adjectifs de couleur du texte.

adj. qui suivent la règle d'accord	adj. qui ne suivent pas la règle d'accord
....	....

2 Entoure la bonne orthographe.

1 la mélodie et le rythme *mêlé - mêlés - mêlée - mêlées*

2 des surfaces et des lignes *coloré - colorés - colorée - colorées*

3 un chocolat et une liqueur *raffiné - raffinés - raffinée - raffinées*

4 des fleurs et des plantes *fleuri - fleuris - fleurie - fleuries*

Entraîne-toi maintenant

Observe bien ce mot piège, tu le retrouveras dans la dictée.

3 Mets au pluriel.

une blouse grise → ....

un superbe collier vert bronze → ....

une courte robe jaune paille → ....

un confortable canapé framboise → ....

un oreiller mauve et parfumé → ....

4 Accorde les adjectifs entre parenthèses quand c'est nécessaire.

1 Il adore les yeux (noisette) .... de sa fille. 2 Le piano et la table (noir) .... vont parfaitement ensemble. 3 Sa chevelure (brun) .... contraste avec son teint (rose pâle) ....
4 Que faire de ces bibelots (doré) .... au milieu de cette pièce (bleu marine et blanc) .... ? 5 Les ballons (rouge vif) ...., (vert clair) .... , (abricot) .... et (violet) .... annoncent un anniversaire dès l'entrée de la maison aux volets et aux portes (bleu) ....

Pour connaître la suite de l'histoire, fais maintenant la dictée 9 sur ton bloc !

10 Le pluriel des noms composés

Orthographe grammaticale

observe la règle

- Un nom composé est formé de deux mots reliés par un trait d'union ou par une préposition : un lave-vaisselle.
- Les noms composés formés de deux noms ou d'un nom et d'un adjectif qualificatif prennent la marque du pluriel :
  des choux-fleurs – des rouges-gorges.
- Dans les noms composés formés d'un verbe et d'un nom, seul le nom prend la marque du pluriel, si on peut le dénombrer :
  des couvre-lits (verbe nom) – des chasse-neige (verbe nom).
- Généralement, dans un nom composé de deux noms unis par une préposition, seul le 1er prend la marque du pluriel :
  des arcs-en-ciel (des arcs dans le ciel)
  mais : des jeux de cartes (des jeux avec plusieurs cartes).
  Il faut donc toujours réfléchir au sens du nom !

Lis attentivement le texte

PAUL CHEZ LES BROCANTEURS

La caméra de Téléjunior suit Paul qui parcourt les vide-greniers. Dans le bric-à-brac, il trouve parfois des trésors : une collection de tire-bouchons, des presse-purée à main comme en utilisaient ses grands-parents, des ramasse-miettes mécaniques.
Les râpes à gruyère n'ont pas tellement changé, les allume-gaz ont presque disparu au profit de systèmes électriques.
Tous ces objets racontent une histoire, celle des gestes du train-train quotidien de l'ancien temps.
Paul doit trouver une pièce insolite à présenter dans son émission *Le grenier aux chauves-souris*...

Textes des dictées (à détacher)

1 *Silence ! On tourne…* (p. 4)
Brice attend patiemment près d'un caméraman. Soudain, une voiture surgit d'un tunnel. Son moteur rugit bruyamment, elle roule très vite. Elle décolle sur un tremplin, survole une camionnette avant de s'écraser brutalement contre un autre véhicule. Elle se désintègre totalement. Le cascadeur sort péniblement de la carcasse fumante mais il est sain et sauf. Ouf !

2 *Les droits de l'enfant* (p. 6)
– Dans certains pays, les jeunes enfants sont exploités sans pitié. Ils subissent des atrocités. Les pieds dans la boue, ils poussent des brouettées de minerai dans l'obscurité des galeries où l'on ne voit pas plus loin que le bout de son nez. C'est pour votre sécurité que le travail est interdit ici avant votre seizième année.

3 *Un siècle d'inventions* (p. 8)
Hier, à vingt et une heures sonnantes, mon quartier s'est illuminé. Pas par la flamme vacillante des chandelles ou du gaz comme les autres soirs. Non, plutôt par la magie d'une étincelle permanente issue de cette belle découverte : l'ampoule électrique de monsieur Edison. Massée sur les trottoirs, la foule émerveillée applaudissait la lumière irréelle qui coulait à flot des lampadaires.

4 *Le professeur Médock…* (p. 10)
Les battements réguliers de son cœur apparaissent sur un écran.
– Je déplace cette manette, dit le professeur.
Maintenant le cycliste donne de puissants coups de pédale comme dans une côte raide. Un flot de sueur coule de son front. Il respire fort, son cœur bat plus vite, on observe des traits plus longs et plus fréquents sur l'écran.
– Bel exploit ! admire Maï-Lihn.

5 *Expédition hivernale en Laponie* (p. 12)
Heureusement, leur GPS leur indique le chemin.
– Si notre appareil était en panne, on ne s'y retrouverait pas, remarque Nadir ; on n'y voit rien : ni le relief ni les arbustes.
Leurs cœurs battent plus vite quand ils croisent les traces d'un ours. Quelle est cette silhouette pesante qui s'approche si paisiblement d'eux ? Ils ne s'y trompent pas, ce n'est que celle d'un élan.

6 *Roman policier…* (p. 14)
– Dans mes romans, le héros essaie de s'en sortir et les méchants, quant à eux, s'acharnent à le détruire. Il faut qu'en lisant ces histoires, on soit pris dans un cauchemar sans issue.
– Oui, on a envie d'en savoir plus et on ne veut pas laisser les personnages s'en aller sans connaître la suite. Quand le héros triomphe enfin, on se sent mieux.

7 *Le journal de 20 heures* (p. 16)
La voici qui entre sur le plateau de télévision. Dès qu'elle est là, on n'a d'yeux que pour elle, on n'écoute qu'elle. 20 h 00. Silence ! Le journal commence. Mais quelle surprise !
On apporte une dépêche de dernière minute. Quel événement vient bouleverser l'ordre du jour ? Jamais on ne l'a prise au dépourvu ! Déjà, elle annonce la nouvelle.

8 *L'Andalousie…* (p. 18)
Les fières danseuses andalouses entrent en scène, parées de robes colorées et de bijoux. Les guitares les accompagnent sur des rythmes endiablés, tandis qu'elles tapent des pieds et des mains. De beaux danseurs les rejoignent. Dans la salle, les éventails s'agitent. Suzann, éblouie, applaudit de bon cœur. Ces festivals sont de vrais régals pour les yeux et les oreilles.

9 *La peinture…* (p. 20)
Des bols blancs et une cafetière, bien éclairés, servent de modèle.
Un homme en blouse grise avec des taches marron et rouges les peint avec passion. Brice ne reconnaît ni les bols ni la cafetière exposés. Des surfaces et des lignes colorées se répartissent en tourbillons. Les touches bleues, rouges, jaune paille et orange s'affrontent.
– C'est une œuvre abstraite, dit le peintre.

10 *Paul chez les brocanteurs* (p. 22)
Peut-être l'un de ces vieux tourne-disques ? Il se méfie des attrape-nigauds.
– Écoutez ce disque : les auteurs-interprètes de 1950, c'était autre chose que du rap, dit le vendeur en clignant d'un œil derrière ses lunettes à doubles-foyers. Paul grimace. Les hauts-parleurs sifflent.
– Allez donc voir dans les salles des ventes où des commissaires-priseurs organisent les enchères ! lui conseille l'homme vexé.

11 *Téléjunior et l'informatique* (p. 24)
La scientifique de Téléjunior veut joindre Salomé, la correspondante canadienne. Celle-ci, depuis des mois, ne donne plus de nouvelles. Un clic de la souris sur un paysage et un autre sur une photo de son amie produisent un miracle ! Salomé envahit l'écran, s'anime et lui parle ! Étudier les coutumes indiennes l'intéresse toujours autant. Elle était chez les Iroquois.

12 *La tour Eiffel sans ascenseur* (p. 26)
Brice et ses équipiers sont passés par les escaliers avec le matériel. Ils sont tous arrivés essoufflés au troisième étage. Les caméras qu'ils ont installées ont filmé le panorama, mais quand Brice a voulu commenter les images, ses amis se sont aperçus qu'ils avaient oublié le micro dans la camionnette au pied de la Tour ! Il a fallu aller le chercher !

13 *Nadir découvre la plongée* (p. 28)
Le bateau ralentit et s'arrête.
– D'abord, nous nageons et nous nous déplaçons à la surface de l'eau. Puis, quand nous atteignons le rocher que vous apercevez, nous descendons vers le fond. Pendant la plongée, vous pouvez regarder mais vous ne devez pas toucher. Attention aux murènes qui mordent ! Le moniteur vient de faire un signe, Nadir le suit dans le monde du silence.

14 *Un tir de la fusée Ariane* (p. 30)
Depuis un bunker, nous observons la fusée qui décollera dans quelques minutes.
– Quand serez-vous prêt ?
– Dès que les voyants passeront au vert, je déclencherai le tir. Vous verrez les gaz s'échapper des tuyères. Ils propulseront la fusée vers le ciel. Elle se séparera du premier étage, puis des suivants et elle placera en orbite deux gros satellites. Regardez ! C'est parti ! 10, 9, 8…

15 *Il était une fois…* (p. 32)
… Au petit jour, les péniches de débarquement fonçaient vers les plages où les mitrailleuses allemandes nous guettaient. Nous croyions notre dernière heure venue.
Une fois sur la berge, je me déplaçais en zigzag afin d'éviter les tirs qui redoublaient d'intensité. Beaucoup parmi nous tombaient et ne se relevaient pas. Cependant, nous progressions vers les dunes et à 17 heures, Utah Beach était conquise.

16 *L'éruption…* (p. 34)
Une explosion projeta au loin des milliers de blocs de roche. Cela libéra des cendres et des gaz brûlants qui se précipitèrent vers la petite ville. La chaleur fut telle que le métal et le verre fondirent. Personne n'en réchappa sauf un prisonnier qui survécut dans son cachot. Nous eûmes à déplorer trente mille victimes et la tristesse s'abattit sur toute la Martinique.

17 *Dans l'enfer de Verdun* (p. 36)
Le capitaine nous a ordonné de creuser un tunnel de notre côté. Quand nous fûmes persuadés que notre galerie était arrivée tout près de la leur, nous avons déposé la dynamite. Il a fallu évacuer le souterrain le plus vite possible. Après l'explosion, le capitaine a dit : « Opération réussie ! ». Nous sommes allés nous coucher, mais qu'étaient devenus les soldats dans l'autre tunnel ?

18 *Respecte le code…* (p. 38)
– Freine ! Ralentis ! Pense au feu rouge en bas de la pente !
– Laisse-moi tranquille, je suis presque arrivé. Allez ! Avancez ! Tous ces gens qui ne savent pas conduire ! Aïe !
– Allo ? Boris ? Tu es tombé ? Réponds-moi ! Relève-toi si tu peux.
– J'ai mal, mais j'ai surtout eu très peur ! Ne faites pas comme moi, soyez prudents !

19 *La ville de nos rêves* (p. 40)
– Les gens vivraient dans de petits immeubles.
– Il y aurait de nombreux parcs où l'on se promènerait et où l'on ferait du sport.
– Nous circulerions en métro, en bus ou à vélo.
– On organiserait des fêtes, des spectacles.
– Les gens prendraient le temps de vivre. Ils finiraient par se connaître. Ils passeraient de bons moments et se rendraient service entre voisins.

20 *Médecine humanitaire* (p. 42)
– Sais-tu comment il faut que tu t'y prennes pour atteindre ton but ?
– Il faut que je termine mes études, que j'obtienne mon diplôme, puis que l'on m'envoie en mission.
– Penses-tu que nous puissions te rendre service ?
– Oui, j'aimerais que vous veniez me rejoindre là-bas et que vous fassiez un reportage. Il faut que l'on sache ce qu'il s'y passe !

Corrigés des exercices

1 Les mots invariables (p. 5)

1 **Adj. qual.** : précautionneusement, attentivement, méchamment, lentement, violemment, tendrement. **Autres** : par, sur, très, jusqu', en, avant, puis, et, vers, quand, mais, avec.

2 total, totale, totalement - brutal, brutale, brutalement - grand, grande, grandement - pénible, pénible, péniblement - délicat, délicate, délicatement.

3 savamment - intelligemment - prudemment-récemment - ardemment - apparemment - évidemment - brillamment.

4 1 lentement/derrière 2 toujours assez/richement 3 silencieusement 4 Après/beaucoup.

2 Les noms terminés par (é)… (p. 7)

1 **F** : liberté, égalité, fraternité, moitié, journées, assiettée. **M** : lycée, été, boulanger, canoë.

2 une azalée, un pommier, un rosier, un oranger, un cerisier, un abricotier, une pensée, un poirier, une giroflée, un cocotier.

3 une atrocité, la luminosité, l'obscurité, une brouettée.

4 1 année/trophée 2 vérité 3 exposé/société 4 conférencier/université.

3 Les consonnes doubles (p. 9)

1 **Entre 2 voyelles** : quelle, étonnante, comment, immenses, succéder, finissent, ferroviaires, villes, comme, quotidienne, nouvelles, apparaissent, s'accélère, années, vaccin, accompagnés, surprennent, cette. **Entre 1 voyelle et 1 consonne** : effrayés, apprécier.

2 1 il dégèle 2 l'hôpital 3 pas d'intrus 4 défouler.

3 accrocher, irréelle, une interrogation, une trottinette, une raffinerie, le commandant ou le commandement, attendre, vaciller.

4 1 pâte 2 date 3 arrête 4 gouttes 5 mètre 6 salles.

4 Les lettres finales muettes (p. 11)

1 nous, comment, corps, mouvement, mais, carburant, dans, dont, pot, échappement, rapport, sang, heureusement, sans, pendant, temps, appartement, effort, plat.

2 drap - profit - tronc - chocolat - tapis - sourcil - long - galop - point - tabac - cadenas - sursaut - trop - plomb.
Ou : drap - profit - tronc - chocolat - tapis - sursaut - tabac - cadenas - sourcil - long - galop - point - trop - plomb.

3 exploitation ou exploiter, campagnarde, respecter, poignée, frontale, bondir, puissante, blanche, flotter, fusiller.

4 1 haut/gros efforts 2 Pendant/le récit de ses exploits/pays 3 retard/forêt 4 rang de tricot/ petit-fils 5 parents/constat d'accident avant/nous.

5 si/s'y – ni/n'y – leur/leurs (p. 13)

1 dans leurs - on leur a / il fait si - de s'y prendre / ni la nourriture, ni la trousse - on n'y arriverait.

2 1 N'y 2 ni, ni 3 Si 4 s'y.

3 1 leur 2 Leurs/leur 3 leurs.

4 1 Fred et Baptiste leur proposent de participer à l'un de leurs matchs. 2 Leur avez-vous donné leurs cadeaux.

5 1 si/leur 2 ni fous ni stupides 3 leurs/s'y/n'y.

6 quand/quant/qu'en… (p. 15)

1 Dans - d'en/quand - quant - qu'en/s'en - sans.

2 1 Sans 2 Quand 3 d'en.

3 sans importance - s'en moque - sans issue/ d'en savoir - Dans trois - dans quelle.

4 qu'en mai, quand la neige - Quant au reste.

5 1 Quand/dans/d'en sortir/sans succès.
2 Quant/s'en 3 qu'en 4 s'en.

7 quel(s)/quelle(s)/qu'elle(s)… (p. 17)

1 qui l'a, devant la, là où/Quelle cacophonie, quel bruit, quels sujets, c'est là qu'elle/Si on votait, si on n'aborde pas.

2 – quel petit prétentieux, quels farceurs, quelle région attrayante, quelles grandes oreilles, qu'elle a de la chance, qu'elles sont originales.
– la chauve-souris, la place de la Bastille, là-bas ou ailleurs, là, c'est confortable, l'a-t-il acheté.

3 1 On n'a d'yeux 2 Quand on a 3 on arrive.

4 1 Quelle/on 2 la/qu'elle 3 À quel/la 4 endroit-là/qu'on 5 On n'aura 6 Quel trac !/qu'elles.

8 L'accord en genre et en nombre (1) (p. 19)

1 des palais merveilleux (M), des travaux (M), des jardins féeriques (M), des émaux anciens (M), des plantes méditerranéennes (F), deux festivals (M).

2 **X** : des nouveaux jeux. **AUX** : des journaux régionaux. **S** : des vrais régals.

3 L'éventail s'agite, l'épreuve finale se termine, la fière danseuse est parée d'un bijou, ce lieu original devient rare.

4 La vieille pharmacienne, soucieuse/Une jeune conductrice sérieuse, prudente.

5 1 Ces tableaux ne sont pas banals. 2 Ce sont des accumulations de vitraux, d'émaux, de végétaux séchés. 3 Ces travaux présentent des idéaux artistiques.

9 L'accord en genre et en nombre (2) (p. 21)

1 **adj. qui suivent la règle** : jaunes, roses.
adj. qui ne suivent pas la règle : bleu outremer, bleu turquoise, orange, rouge grenat.

2 1 mêlés 2 colorées 3 raffinés 4 fleuries.

3 des blouses grises, des superbes colliers vert bronze, des courtes robes jaune paille, des confortables canapés framboise, des oreillers mauves et parfumés.

4 1 noisette 2 noirs 3 brune/rose pâle. 4 dorés/ bleu marine et blanche 5 rouge vif, vert clair, abricot et violets/bleus.

10 Le pluriel des noms composés (p. 23)

1 **nom + nom ou nom + adj. qual.** : grands-parents, rapes à gruyère, chauves-souris.
verbe + nom : vide-greniers, tire-bouchons, presse-purée, ramasse-miettes, allume-gaz.

2 des porte-monnaie, un porte-monnaie/des bandes-dessinées, une bande-dessinée.

3 des grands-mères, des bateaux-mouches, des sapeurs-pompiers, des chasse-neige, des sèche-cheveux.

4 1 Le commissaire-priseur est chargé
2 L'auteur-interprète écrit et chante son texte.
3 Ce jeu de hasard (…) est un attrape-nigaud.

11 L'accord sujet – verbe (p. 25)

1 **S** : Maï-Lihn nous fait visiter, répond Brice, ajoute Suzann. **P** : Où en êtes-vous ? Paul et moi trions. Nous choisissons.

2 1 Paul, Brice et Suzann → noms propres
2 Trouver → infinitif 3 Les textes que nous choisissons → proposition 4 Mon émission → groupe nominal.

3 1 (ils) sont 2 (nous) aimons 3 (vous) revenez.

4 1 apparaît un château gonflable 2 Clément et David l'atteignent 3 Ils trépignent, s'impatientent, et le prennent/deux places se libèrent. 4 Sauter les intéresse 5 l'animateur, a.

12 L'accord du participe passé (p. 27)

1 **Être** : s'est élevée, sont arrivés, par ex. **Avoir** : a rassemblé, a eu, par ex. **Avoir avec le COD** : qu'on a retenu, que l'on a assemblées.

2 La biche tuée/Les souvenirs rapportés/ les scènes tournées.

3 Les ascenseurs sont bloqués/Pourquoi est-elle sélectionnée/Célestine n'a jamais fini.

4 1 se sont aperçus 2 eue/inscrite 4 écrites/ devenues 5 dévoré/préparée.

13 Présent (p. 29)

1 **3e pers. sing.** : part, questionne, rappelle. **1re pers. plur.** : plongeons, accomplissons. **2e pers. plur.** : pratiquez, pouvez, faites. **3e pers. plur.** : suivent, font, mettent, par ex.

2 il/elle subit - vous apercevez - ils/elles cueillent -nous descendons - je/tu dors - on sort -je/tu reçois - nous rugissons - je/tu crois - ils prennent - je/il jette - nous déplaçons.

3 1 Nous atteignons/nous nous reposons 2 Vous mangez/vous allez 3 Elle vient.

4 1 cèdent 2 J'apprends/comprends 3 finit 4 voyons 5 dois 6 paraissez.

14 Futur (p. 31)

1 **3e pers. sing.** : sera, sera./**1re pers. plur.** : continuerons, pourrons, sortirons, par ex./ **2e pers. plur.** : aurez./**3e pers. plur.** : feront, enverront, vivront.

2 tu auras, nous vérifierons, ils viendront, elle décollera, vous pourrez, je ferai.

3 tu verras, vous verrez, elles verront/ il propulsera, nous propulserons, ils propulseront/tu sauras, elle saura, vous saurez.

4 1 La semaine prochaine, il commencera 2 Ce soir, nous regarderons 3 L'hiver prochain, vous irez, par ex.

5 1 J'inviterai/il faudra 2 Nous passerons/celui qui perdra/aura.

15 Imparfait (p. 33)

1 **1er groupe** : préparaient, entraînions./ **2e groupe** : subissait./**3e groupe** : devait, savions, allait, paraissait.

2 nous déplaç\ons, je déplaç\ais / nous réfléchiss\ons, ils réfléchiss\aient / nous croy\ons, nous croy\ions / nous fais\ons, ils fais\aient / nous fonç\ons, ils fonç\aient.

3 tu mangeais - elle traçait - nous mendiions - vous nettoyiez - nous suppliions - vous signiez.

4 1 déguisions 2 mangions 3 chantions 4 menacions 5 jetions/n'avaient 6 partagions.

16 Passé simple (p. 35)

1 **1er groupe** : secoua, regardâmes, m'interrogeai, raconta./**2e groupe** : anéantit./**3e groupe** : fit, parvint, sortis, vis, craignis.

2 elle projeta, projeter, nous projetâmes/je me précipitai, se précipiter, ils se précipitèrent/ il survécut, survivre, ils survécurent/tu eus, avoir, nous eûmes.

3 tu réunis, nous réunîmes, ils réunirent/je fus, elle fut, vous fûtes/tu vendis, nous vendîmes, elles vendirent/je devins, tu devins, vous devîntes/elle voulut, nous voulûmes, ils voulurent.

4 1 Elle écrivit à son meilleur ami 2 Ils décidèrent 3 Nous vînmes 4 Je visitai et perdis.

17 Passé composé… (p. 37)

1 **passé composé** : ont creusé, est arrivée, ont pataugé, ont eu, ont continué, a donné, se sont jetés, ont dû, m'a confié, a participé, ont recommencé, avons compris. **plus-que-parfait** : s'était stabilisé, avaient pris, s'étaient repliés, avions entendus, avaient décidé.

2 il a fallu, il avait fallu, il aura fallu, il eut fallu/nous sommes allés, nous étions allés, nous serons allés, nous fûmes allés/elle est arrivée, elle était arrivée, elle sera arrivée, elle fut arrivée.

3 Brutus a dévoré/Laura est partie
Brutus avait dévoré/Laura était partie
Brutus aura dévoré/Laura sera partie
Brutus eut dévoré/Laura fut partie.

4 1 eut fini 2 aura soigné 3 ont acheté 4 était allée.

18 Impératif présent (p. 39)

1 **2e pers. sing.** : n'oublie pas, vas-y, fais, ne roule pas, reviens, ne double pas, tends/**1re pers. plur.** : vérifions, suivons/**2e pers. plur.** : contrôlez

2 fais, faire, faites/sois, être, soyez/ralentis, ralentir, ralentissons/avancez, avancer, avance.

3 1 allez 2 conduis 3 envoie 4 offrons 5 mangez.

4 1 Choisis/cherche/présente 2 vas-y 3 Raccourcissons 4 refusez 5 ajoutes-en.

19 Conditionnel présent (p. 41)

1 aimeriez, pourrait, aurait, ferait, souffrirais, regretterais, pourrions, déjeunerions, travailleraient, rentreraient, prendrait, subirait.

2 je/tu serais, elles prendraient, nous jouerions, il ferait, vous imagineriez, ils pourraient, vous devriez, j'/tu écouterais, on grandirait.

3 1 préféreraient 2 courrais 3 pourriez 4 aurais 5 inviterions.

4 1 fermait/faudrait 2 étais/irais 3 lisais/serais 4 dansiez/dormiriez.

20 Subjonctif présent (p. 43)

1 que ce soit, que l'on vive, qu'il y ait, que des gens meurent, quoi que vous fassiez, que nous les aidions, que j'aie, que tu aies, qu'on les oublie, que nous finissions.

2 vous veniez - on sache - j'obtienne - vous fassiez - tu prennes - nous puissions

3 il boit, il faut qu'il boive/je termine, il faut que je termine/tu lis, il faut que tu lises/ on envoie, il faut qu'on envoie/nous dormons, il faut que nous dormions.

4 1 sorte 2 pensiez 3 fasses 4 ayons 5 puissent 6 soit.

Joue avec les mots

1 Classe les noms composés au pluriel du texte dans le tableau.

nom + nom ou nom + adj. qual.	verbe + nom
....	....
....	....
....	....

2 Relie ce qui est correctement écrit.

des •	• porte-monnaie	des •	• bandes-dessinées
un •	• portes-monnaies	une •	• bandes-dessinée
	• porte-monnaies		• bande-dessinée
	• portes-monnaie		• bande-dessinées

Entraîne-toi maintenant

3 Coche les noms composés mal écrits et corrige-les en dessous.

☐ des grand-mère	☐ des rendez-vous	☐ des bateau-mouche
....	....	....
☐ des coffres-forts	☐ des sapeurs-pompier	☐ des chasses-neiges
....	....	....
☐ des cale-pieds	☐ des sèches-cheveux	☐ des porte-clés
....	....	....

4 Récris ces phrases au singulier.

Observe bien ce mot piège, tu le retrouveras dans la dictée.

1 Les commissaires-priseurs sont chargés d'organiser la vente.

....

2 Les auteurs-interprètes écrivent et chantent leurs textes.

....

3 Ces jeux de hasard sur ordinateur sont des attrape-nigauds !

....

Pour connaître la suite de l'histoire, fais maintenant la dictée 10 sur ton bloc !

11 L'accord sujet – verbe

Orthographe grammaticale

Observe la règle

- Le verbe s'accorde toujours en nombre et en personne avec son sujet, où qu'il soit dans la phrase ; pour le trouver, il faut poser la question : Qui est-ce qui + verbe ? ou Qu'est-ce qui + verbe ?

- Le sujet d'un verbe peut être de différentes natures :
  – un nom (commun ou propre) : Loïc déménage.
  – un groupe nominal : Le chat des voisins est parti.
  – un infinitif : Voyager est à la mode.
  – un pronom : Elles chantent.
  – une proposition : Ceux qui sont les plus fragiles doivent se faire vacciner.

- Le sujet peut être éloigné du verbe ou inversé :
  L'an dernier s'est terminé le pont de Millau.

- Le sujet peut être composé de plusieurs sujets au singulier. On accordera donc le verbe au pluriel : Brutus et Pepsi ronflent.

- Plusieurs verbes peuvent avoir le même sujet, ils s'accordent alors tous avec ce sujet : Je l'attrape, le déstabilise et l'immobilise au sol.
  Attention ! Le verbe ne s'accorde jamais avec « le, la, les, l', lui, leur » placés devant lui : Elle les dévore.

Lis attentivement le texte

TÉLÉJUNIOR ET L'INFORMATIQUE

Maï-Lihn nous fait visiter la salle informatique de Téléjunior. Paul, Brice et Suzann, chacun devant un écran, cherchent des informations sur Internet.

– Où en êtes-vous ? demande Maï-Lihn.

– Trouver des documents sur la construction de la tour Eiffel me rendrait service, répond Brice. Mon émission, si tout va bien, sera filmée demain.

– Paul et moi trions et classons, ajoute Suzann. Les textes et les photos que nous choisissons sont mis en mémoire pour nos reportages.

– Nous les projetons même en grand quand nous le voulons, précise Paul.

En effet, sur le mur, apparaissent soudain la tour Eiffel, la fusée Ariane 5 puis une plage du Débarquement. Maï-Lihn s'installe à son tour devant un ordinateur…

Joue avec les mots

1 Trouve dans le texte les sujets des verbes.

singulier	pluriel
.... fait visiter.	Où en êtes- .... ?
répond	.... trions et classons.
ajoute	.... choisissons.

2 Dans les phrases suivantes, souligne les sujets des verbes en gras et indique leur nature (nom, GN, infinitif, proposition…).

1 Paul, Brice et Suzann **cherchent** des informations. → ....

2 Trouver des documents me **rendrait** service. → ....

3 Les textes que nous choisissons **sont mis** en mémoire. → ....

4 Mon émission, si tout va bien, **sera filmée** demain. → ....

Entraîne-toi maintenant

Observe bien ce mot piège, tu le retrouveras dans la dictée.

3 Conjugue les verbes au présent, après avoir indiqué dans les parenthèses par quel pronom tu peux remplacer le sujet.

1 Mon pantalon et ma veste (……) (être) .... sales.

2 Marina et moi (…….) (aimer) .... chanter ensemble.

3 Pourquoi Yann et toi (……) (revenir) .... si tard ?

4 Souligne le sujet puis conjugue les verbes au présent.

1 Au bord de la plage (apparaître) .... un château gonflable.

2 Clément et David l' (atteindre) .... en courant.

3 Ils (trépigner)...................... , (s'impatienter) .... , et le (prendre) .... d'assaut dès que deux places (se libérer) ....

4 Sauter d'un bord à l'autre les (intéresser) .... beaucoup.

5 Trente minutes plus tard, l'animateur, malgré toute sa bonne volonté, (avoir) .... bien du mal à les faire descendre.

Pour connaître la suite de l'histoire, fais maintenant la dictée 11 sur ton bloc !

12 L'accord du participe passé avec être et avoir

Orthographe grammaticale

observe la règle

- Le participe passé employé sans auxiliaire s'accorde, comme un adjectif qualificatif, avec le nom auquel il se rapporte : les oiseaux <u>envolés</u>.
  participe passé

- Le participe passé employé avec l'auxiliaire être s'accorde en genre et en nombre avec le sujet du verbe : <u>les oiseaux migrateurs</u> sont partis.
  sujet — aux. être — p. passé

- Le participe passé employé avec l'auxiliaire avoir ne s'accorde **jamais** avec le sujet du verbe : <u>Ils</u> ont décidé de partir.
  sujet — aux. avoir — p. passé

- Attention ! Le participe passé utilisé avec l'auxiliaire avoir s'accorde avec le COD, quand celui-ci est placé devant le verbe :

<u>Mon chat</u> a rapporté <u>des souris</u>.
sujet — aux. avoir — p. passé — COD

<u>Mon chat</u> <u>les</u> a rapportées.
sujet — COD — aux. avoir — p. passé

Lis attentivement le texte

LA TOUR EIFFEL SANS ASCENSEUR

Brice fait un reportage sur la tour Eiffel pour Téléjunior. Il a rassemblé des informations sur sa construction : en 1889, l'Exposition universelle a eu lieu en France. On a confié à Gustave Eiffel le soin de réaliser une œuvre qui symbolise la puissance d'un pays. En 1886, c'est son projet qu'on a retenu.
On a creusé les fondations, les poutrelles métalliques que l'on a assemblées ont formé une structure qui s'est élevée peu à peu jusqu'à 317 mètres de hauteur.
Quand les touristes sont arrivés par milliers, ils ont été impressionnés.
La tour Eiffel est devenue un monument mondialement connu mais à une époque on a parlé de la démolir.
Aujourd'hui, Brice nous fait visiter le monument…

Joue avec les mots

1 Classe deux participes passés du texte dans chaque colonne.

auxiliaire être : le PP s'accorde avec le sujet	auxiliaire avoir : le PP ne s'accorde pas avec le sujet	auxiliaire avoir : le PP s'accorde avec le COD placé devant
....	....	....
....	....	....

2 Entoure le COD qui explique l'accord du participe passé.

La biche que les chasseurs ont tu<u>ée</u> était toute jeune.

Les souvenirs que tu as rapport<u>és</u> du Vietnam décorent l'entrée.

Le réalisateur n'a pas gardé toutes les scènes qu'il a tourn<u>ées</u>.

Entraîne-toi maintenant

Observe bien ce mot piège, tu le retrouveras dans la dictée.

3 Coche les phrases avec une faute au participe passé et corrige-les.

☐ Les montgolfières ont toutes décollé en même temps.

....

☐ Les ascenseurs sont définitivement bloqué.

....

☐ Pourquoi est-elle sélectionné pour ce casting et pas moi ?

....

☐ Célestine n'a jamais finie un devoir à l'heure !

....

4 Accorde les participes passés si nécessaire.

1 Jérémy et Baptiste se sont aperçu.... de leur erreur. **2** La meilleure idée que j'ai eu... cette année, c'est de m'être inscrit... à un cours d'arts martiaux, dit Eva. **3** Il a abandonné... la course avant l'arrivée. **4** Ces lettres écrit...... il y a plus de deux siècles sont devenu...... des documents historiques. **5** Les invités ont dévoré... la bûche préparé... par le pâtissier.

Pour connaître la suite de l'histoire, fais maintenant la dictée 12 sur ton bloc !

13 Présent

Conjugaison

Observe la règle

- Au présent, les verbes du 1er et du 2e groupe prennent les terminaisons :
  1er groupe : je chante, tu chantes, elle chante, nous chantons, vous chantez, ils chantent.
  2e groupe : je finis, tu finis, il finit, nous finissons, vous finissez, elles finissent.
  Attention ! Certains verbes du 1er groupe comportent quelques pièges :
  – verbes en cer : je lance, nous lançons.
  – verbes en ger : je mange, nous mangeons.
  – verbes en yer : j'appuie, nous appuyons (verbes en ayer : je balaie ou je balaye).

- Les verbes du 3e groupe prennent le plus souvent les terminaisons :
  s - s - t - ons - ez - ent.
  – vivre : je vis, tu vis, il vit, nous vivons, vous vivez, elles vivent.
  – pouvoir : je peux, tu peux, elle peut, nous pouvons, vous pouvez, ils peuvent.
  – vendre : je vends, tu vends, on vend, nous vendons, vous vendez, ils vendent.
  Attention ! De nombreux verbes du 3e groupe ont le radical qui se modifie :
  être : je suis / avoir : j'ai / aller : je vais / venir : je viens / devoir : je dois
  savoir : je sais / mourir : je meurs / peindre : je peins.

Lis attentivement le texte

NADIR DÉCOUVRE LA PLONGÉE

Nadir et Téléjunior suivent un groupe d'enfants qui font de la plongée sous-marine en Guadeloupe. Ils mettent leurs combinaisons et portent les bouteilles et les palmes jusqu'au bateau. Ils se hissent à bord et l'on part aussitôt. Pendant le trajet, Nadir les questionne :

– Depuis quand pratiquez-vous ce sport ?

– Nous plongeons depuis une semaine et nous accomplissons des progrès tous les jours !

Le moniteur rappelle les consignes.

– Dans l'eau, vous ne pouvez vous faire comprendre que si vous faites les signes que je vous ai appris.

Ils sont arrivés…

Joue avec les mots

1 Classe les verbes conjugués au présent dans le texte (3 maximum par colonne).

3e pers. du sing.	1re pers. du plur.	2e pers. du plur.	3e pers. du plur.
....	....	....	....
....	....	....	....
....	....	....	....

2 Écris le (ou les) pronom(s) qui convien(nen)t.

.... subit .... apercevez .... cueillent

.... descendons .... dors .... sort

.... reçois .... rugissons .... crois

.... prennent .... jette .... déplaçons

Entraîne-toi maintenant

Observe bien ce mot piège, tu le retrouveras dans la dictée.

3 Conjugue la phrase à la personne du singulier ou du pluriel correspondante.

1 **J'atteins** la rive et **je me repose**.

→ Nous ....

2 **Tu manges** trop de chocolats, **tu vas** grossir !

→ .... !

3 **Elles viennent** d'apercevoir une étoile de mer.

→ ....

4 Conjugue les verbes au présent.

1 Mes parents (céder) .... toujours tout à mon frère ! 2 J' (apprendre) .... mais je ne (comprendre) .... pas. 3 Quand (finir) .... -elle son séjour en Espagne ? 4 Nous (voir) .... des constellations dans le ciel ce soir. 5 Tu (devoir) .... préparer un exposé. 6 Vous (paraître) .... ravis du spectacle.

Pour connaître la suite de l'histoire, fais maintenant la dictée 13 sur ton bloc !

14 Futur

Conjugaison

observe la règle

- Au futur simple, les verbes du 1er et du 2e groupe s'écrivent tous avec l'infinitif du verbe + les terminaisons : ai - as - a - ons - ez - ont.
  Je jouerai, tu joueras, il jouera, nous jouerons, vous jouerez, elles joueront.
  Je surgirai, tu surgiras, elle surgira, nous surgirons, vous surgirez, ils surgiront.

- Certains verbes du 3e groupe conservent l'infinitif comme radical, d'autres le modifient ; tous prennent les mêmes terminaisons.

écrire	aller	être	avoir
j'écrirai	j'irai	je serai	j'aurai
tu écriras	tu iras	tu seras	tu auras
elle écrira	elle ira	il sera	on aura
nous écrirons	nous irons	nous serons	nous aurons
vous écrirez	vous irez	vous serez	vous aurez
ils écriront	elles iront	ils seront	elles auront

Lis attentivement le texte

UN TIR DE LA FUSÉE ARIANE

Maï-Lihn visite la base de Kourou en Guyane, accompagnée des caméras de Téléjunior.
Elle interroge Justin Tireaubut, responsable du prochain lancement de la fusée Ariane 5.
– Quel avenir pour l'exploitation spatiale ?
– Pendant des années, nous continuerons à lancer des satellites grâce à la fusée européenne Ariane 5. D'autres pays comme la Chine, la Russie, les États-Unis en feront autant. Les Américains enverront des hommes sur la planète Mars. Un jour peut-être, des hommes vivront sur une autre planète, mais ce sera très long…
– Pourrons-nous assister au prochain tir d'Ariane 5 ?
– Bien sûr, lorsque la fusée sera prête, nous la sortirons sur le pas de tir. Nous vous préviendrons et vous aurez le temps de revenir pour assister à cet événement…

Joue avec les mots

1 Relève les verbes conjugués au futur dans le texte (3 maximum par colonne).

3e pers. du sing.	1re pers. du plur.	2e pers. du plur.	3e pers. du plur.
....	....	....	....
....	....	....	....
....	....	....	....

2 Relie sujet et verbe par des flèches.

tu •	• viendront	elle •	• ferai
nous •	• auras	vous •	• décollera
ils •	• vérifierons	je •	• pourrez

Entraîne-toi maintenant

Observe bien ce mot piège, tu le retrouveras dans la dictée.

3 Conjugue les verbes au futur.

voir	tu	vous	elles ....
propulser	il	nous	ils ....
savoir	tu	elle	vous ....

4 Écris les phrases au futur avec un indicateur de temps.

Exemple : Demain, je (partir) partirai pour le Kenya.

1 ...., il (commencer) .... son stage de surf.

2 ...., nous (regarder) .... un film policier.

3 ...., vous (aller) .... à la patinoire.

5 Récris au futur.

1 J'**invite** mes amis à manger une fondue : il **faut** tout préparer.

....

2 Nous **passons** un bon moment : celui qui **perd** son pain **a** un gage !

....

Pour connaître la suite de l'histoire, fais maintenant la dictée 14 sur ton bloc !

15 Imparfait

Conjugaison

Observe la règle

- À l'imparfait, tous les verbes prennent les mêmes terminaisons :

	1er groupe	2e groupe	3e groupe
ais	j'achetais	je bondissais	je conduisais
ais	tu achetais	tu bondissais	tu conduisais
ait	il achetait	il bondissait	il conduisait
ions	nous achetions	nous bondissions	nous conduisions
iez	vous achetiez	vous bondissiez	vous conduisiez
aient	ils achetaient	ils bondissaient	ils conduisaient

- Attention ! Les seules difficultés concernent les verbes du 1er groupe :
  – verbe en cer : je traçais – verbe en ier : vous pliiez
  – verbe en ger : tu rangeais – verbe en yer : nous balayions

- Astuce : Prendre le radical du verbe conjugué au présent, à la 1re personne du pluriel + la terminaison de l'imparfait : nous traç/ons → je traç/ais. Sauf le verbe être : nous sommes → nous étions.

Lis attentivement le texte

IL ÉTAIT UNE FOIS… LE 6 JUIN 1944

« Ici Paul, envoyé spécial de Téléjunior sur les plages de Normandie pour l'anniversaire du débarquement des Alliés. Colonel Mac Gregor, pourquoi ce débarquement le 6 juin 1944 ?

– En 1944, l'armée allemande subissait des revers en Russie et en Afrique. Entrés en guerre en 1941, après l'attaque de Pearl Harbor par les Japonais, les Américains préparaient, avec les Anglais et les forces libres des pays occupés, une formidable opération militaire : l'opération Overlord qui devait marquer le début de la reconquête de l'Europe.

– Voici le capitaine Brownson, racontez-nous s'il vous plaît !

– Nous nous entraînions dur depuis des semaines et nous savions que le débarquement n'allait pas tarder. Enfin, dans la nuit du 5 au 6 juin, on nous embarqua sur un vieux bâtiment de la marine marchande. Avec ce temps exécrable, nous avions tous le mal de mer. La traversée de la Manche paraissait interminable mais le pire était à venir… »

Joue avec les mots

1 Classe les verbes conjugués à l'imparfait dans le texte.

1er groupe	2e groupe	3e groupe (sauf les auxiliaires)	
....	....	....	....
....	....	....	....
....	....	....	....

2 Relie les verbes conjugués au présent et à l'imparfait. Sépare le radical de la terminaison.

Présent	Imparfait	Présent	Imparfait
nous éteign/ons	je déplaçais	nous croyons	ils faisaient
nous déplaçons	tu éteign/ais	nous faisons	ils fonçaient
nous réfléchissons	ils réfléchissaient	nous fonçons	nous croyions

Entraîne-toi maintenant

Observe bien ce mot piège, tu le retrouveras dans la dictée.

3 Observe et fais de même.

je plongeais (manger) tu ....

tu lançais (tracer) elle ....

nous criions (mendier) nous ....

vous payiez (nettoyer) vous ....

nous oubliions (supplier) nous ....

vous gagniez (signer) vous ....

4 Écris à l'imparfait.

Nuit d'Halloween

1 Nous nous déguisons/...................... en sorcières, squelettes, fantômes. **2** Nous mangeons/................. un gâteau à la citrouille. **3** Nous chantons/ .... à tue-tête dans la rue annonçant notre arrivée. **4** Nous menaçons/..................... les habitants pour obtenir des bonbons ! **5** Nous jetons/............... des sorts à ceux qui n'ont/............... aucune friandise pour nous. **6** Finalement, nous partageons/... .... notre butin !

Pour connaître la suite de l'histoire, fais maintenant la dictée 15 sur ton bloc !

16 Passé simple

Conjugaison

Observe la règle

- Au passé simple, les verbes du 1er et du 2e groupe prennent toujours les terminaisons suivantes :
  1er groupe : je rêvai, tu rêvas, elle rêva, nous rêvâmes, vous rêvâtes, ils rêvèrent.
  2e groupe : je surgis, tu surgis, il surgit, nous surgîmes, vous surgîtes, elles surgirent.

- Les verbes du 3e groupe se terminent par :

attendre	courir	venir
j'attendis	je courus	je vins
tu attendis	tu courus	tu vins
il attendit	elle courut	on vint
nous attendîmes	nous courûmes	nous vînmes
vous attendîtes	vous courûtes	vous vîntes
elles attendirent	ils coururent	elles vinrent

Remarque : c'est un temps utilisé surtout à l'écrit, très peu à l'oral, en particulier les 1re et 2e personnes du pluriel !

Lis attentivement le texte

L'ÉRUPTION DE LA MONTAGNE PELÉE

Maï-Lihn enquête pour Téléjunior sur l'éruption de la montagne Pelée, ce volcan de la Martinique qui anéantit la ville de Saint-Pierre en 1902.
Elle a retrouvé le témoignage d'un habitant de Fort-de-France qui en fit le récit à l'époque :
– Nous déjeunions en notre résidence de Fort-de-France quand un grondement nous parvint, suivi d'un fort tremblement qui secoua les couverts et le mobilier. Nous nous regardâmes éberlués et je m'interrogeai sur les causes de ce phénomène. Je sortis sur la terrasse et je vis du côté de Saint-Pierre un gigantesque panache de fumée noire. Je craignis le pire pour la population de cette ville. On me raconta par la suite ce qui s'était passé…

Joue avec les mots

1 Classe dans le tableau les verbes du texte conjugués au passé simple.

1er groupe	2e groupe	3e groupe
....	....	....
....	....	....
....	....	....

2 Relie les verbes conjugués à leur infinitif.

elle projeta ●	● survivre ●	● nous projetâmes
je me précipitai ●	● projeter ●	● nous eûmes
il survécut ●	● se précipiter ●	● ils survécurent
tu eus ●	● avoir ●	● ils se précipitèrent

Entraîne-toi maintenant

〰 Observe bien ce mot piège, tu le retrouveras dans la dictée.

3 Écris les verbes suivants au passé simple.

réunir → tu .... nous .... ils ....

être → je .... elle .... vous ....

vendre → tu .... nous .... elles ....

devenir → je .... tu .... vous ....

vouloir → elle .... nous .... ils ....

4 Conjugue les phrases avec le nouveau sujet.

1 J'écrivis une longue lettre à mon meilleur ami.

Elle ....

2 Nous décidâmes de rebrousser chemin.

Ils ....

3 Il vint les bras chargés de cadeaux.

Nous ....

4 Tu visitas Rome sans guide et perdis beaucoup de temps.

Je ....

Pour connaître la suite de l'histoire, fais maintenant la dictée 16 sur ton bloc !

17 Passé composé et temps composés

Conjugaison

Observe la règle

- **Au passé composé, le verbe est composé de deux mots :**

Il	**a**		**démarré.**
Elle	**est**		**partie.**
	aux. être ou avoir au présent	+	le participe passé du verbe

- **Aux autres temps composés, le verbe est également composé de deux mots :**

– plus-que-parfait : auxiliaire à l'imparfait + participe passé du verbe

Il avait démarré. Elles étaient parties.

– futur antérieur : auxiliaire au futur + participe passé du verbe

Elle aura démarré. Ils seront partis.

– passé antérieur : auxiliaire au passé simple + participe passé du verbe

Elle eut démarré. Elles furent parties.

- **Avec l'auxiliaire avoir, le participe passé ne s'accorde jamais avec le sujet. Avec l'auxiliaire être, le participe passé s'accorde en genre et en nombre avec le sujet.**

Lis attentivement le texte

DANS L'ENFER DE VERDUN

Le professeur Hans Stenla reçoit Paul pour Téléjunior. Aujourd'hui, il nous parle de la Première Guerre mondiale.

– … très rapidement, le front s'était stabilisé. Les armées ont alors creusé des tranchées face à face. Quand la pluie est arrivée, les soldats ont pataugé dans la boue, ils ont eu faim et froid mais ils ont continué à se protéger dans ces trous contre les tirs d'obus. De temps en temps, on leur a donné l'ordre de partir à l'assaut, alors ils se sont jetés sous la mitraille. Ils ont souvent dû battre en retraite. Parfois, quand ils avaient pris la tranchée adverse, les ennemis s'étaient repliés dans une tranchée de secours et il fallait recommencer. Cela dura des années ! La bataille de Verdun fut particulièrement terrible.

On m'a confié le carnet d'un jeune soldat allemand qui y a participé, voilà ce qu'il raconte : « … Les bruits sourds que nous avions entendus la veille ont recommencé. Nous avons alors compris que les Français avaient décidé de faire exploser notre tranchée… »

Joue avec les mots

1 Relève dans le texte les verbes conjugués aux temps composés et classe-les.

passé composé		plus-que-parfait	
....	....	....	....
....	....	....	....
....	....	....	....

2 Relie les différents temps composés d'un verbe.

il a fallu	il avait ordonné	il aura ordonné	elle fut arrivée
il a ordonné	nous étions allés	il aura fallu	nous fûmes allés
nous sommes allés	elle était arrivée	elle sera arrivée	il eut ordonné
elle est arrivée	il avait fallu	nous serons allés	il eut fallu

Entraîne-toi maintenant

Observe bien ce mot piège, tu le retrouveras dans la dictée.

3 Écris les deux phrases aux quatre temps composés.

présent : Brutus dévore la souris. Laura part à Londres.

passé composé : Brutus .... dévoré la souris. Laura ...... partie à Londres.

plus-que-parfait : Brutus ...... dévoré la souris. Laura ...... partie à Londres.

futur antérieur : Brutus .... la souris. Laura .... à Londres.

passé antérieur : Brutus .... Laura ....

4 Écris les verbes aux temps demandés.

1 passé antérieur - Dès qu'elle (finir) .... son dernier morceau, les spectateurs se levèrent pour applaudir. **2** futur antérieur - Le médecin se reposera quand il (soigner) .... le blessé qui vient d'arriver. **3** passé composé - Les enfants décorent le sapin que leurs parents (acheter) .... la veille. **4** plus-que-parfait - Quand Pauline était petite, elle (aller) .... vivre au Mexique avec sa famille.

Pour connaître la suite de l'histoire, fais maintenant la dictée 17 sur ton bloc !

18 Impératif présent

Conjugaison

Observe la règle

- À l'impératif,le verbe ne se conjugue qu'à 3 personnes, sans sujet écrit :

marche	marchons	marchez.
2e pers du singulier	1re pers du pluriel	2e pers du pluriel

- Les terminaisons sont e ou s, ons, ez.
  – e pour les verbes du 1er groupe et pour les verbes offrir, cueillir, souffrir, savoir, ouvrir : Ouvre !
  – s pour les autres verbes : Viens !

- À savoir :

être	avoir	aller
sois	aie	va
soyons	ayons	allons
soyez	ayez	allez

- Attention ! Quand un verbe se terminant par un e à la 2e pers du sing. est suivi de y ou en, on ajoute un s pour faciliter la prononciation : Ajoutes-en.

Lis attentivement le texte

RESPECTE LE CODE DE LA ROUTE !

– Ici Nadir de Téléjunior, pour notre émission « Sécurité sur la route ». Boris, que voici, va effectuer pour nous en vélo son trajet habituel jusqu'à son école. Il sera équipé d'un casque avec mini-caméra, écouteurs et micro. Avant son départ, quelques conseils de l'équipe :
– Vérifions les freins et les pneus.
– Contrôlez aussi l'éclairage, le dérailleur…
– Tu es prêt Boris ? N'oublie pas ton casque surtout ! Bon, vas-y ! Suivons son parcours à l'écran.
– Boris, fais attention ! Ne roule pas sur le trottoir ! Reviens sur la chaussée !
– Bon, c'est mieux ! Ne double pas à droite, c'est dangereux et interdit. Tends le bras pour signaler que tu tournes ! Voilà ! La grande descente maintenant. Qu'est-ce que tu fais ?

Joue avec les mots

1 Relève et classe les verbes du texte à l'impératif.

2e pers. du sing.	1re pers. du plur.	2e pers. du plur.
....	....	....
....	....	....
....	....	....
....	....	....

2 Relie les verbes conjugués à leur infinitif.

fais ●	● faire ●	● ralentissons
sois ●	● avancer ●	● soyez
ralentis ●	● être ●	● faites
avancez ●	● ralentir ●	● avance

Entraîne-toi maintenant

Observe bien ce mot piège, tu le retrouveras dans la dictée.

3 Conjugue les verbes à l'impératif à la personne demandée.

1 aller au concert (2e pers. plur.) : ....

2 conduire prudemment (2e pers. sing.) : ....

3 envoyer la balle (2e pers. sing.) : ....

4 offrir des fleurs (1re pers. plur.) : ....

5 manger plus lentement (2e pers. plur.) : ....

4 Conjugue les verbes entre parenthèses à la personne qui convient.

1 (choisir) .... un sujet qui t'intéresse, (chercher) .... des informations et (présenter) .... ton exposé à la classe.

2 Si tu préfères les pays chauds, (aller) .... -y !

3 (raccourcir) .... nos étapes, elles sont trop longues.

4 Vous êtes fatigués, (refuser) .... cette invitation !

5 Ce dessert ne sent pas suffisamment la vanille, (ajouter) .... -en un peu plus.

Pour connaître la suite de l'histoire, fais maintenant la dictée 18 sur ton bloc !

19 Conditionnel présent

Conjugaison

Observe la règle

- Au conditionnel présent, les verbes ont le même radical qu'au futur + les terminaisons de l'imparfait :

	1er groupe	2e groupe	3e groupe
ais	j'avancerais	je finirais	je tiendrais
ais	tu avancerais	tu finirais	tu tiendrais
ait	il avancerait	il finirait	il tiendrait
ions	nous avancerions	nous finirions	nous tiendrions
iez	vous avanceriez	vous finiriez	vous tiendriez
aient	ils avanceraient	ils finiraient	ils tiendraient

- À savoir : être → je serais avoir → j'aurais

- On trouve en général un verbe conjugué au conditionnel présent dans une phrase où la condition est exprimée à l'imparfait.

Si j'étais plus souple, je ferais de l'escalade.
(j'étais : imparfait ; je ferais : conditionnel présent)

Lis attentivement le texte

LA VILLE DE NOS RÊVES

Suzann et les caméras de Téléjunior rencontrent les enfants de la classe de CM2 de Villiers-le-Bel. Autour d'une maquette du village, la discussion s'engage.
– Aimeriez-vous vivre dans une grande ville ?
– Oui ! On pourrait facilement aller à la piscine ou à la patinoire !
– On aurait le choix pour les cinémas !
– On ferait du roller sur les trottoirs.
– Moi, je souffrirais du manque de verdure.
– Tu regretterais les champs et la forêt ?
– Oui, nous ne pourrions plus faire nos randonnées en VTT. Nous ne déjeunerions plus dehors dès les premiers beaux jours.
– Mais nos parents travailleraient moins loin ! Ils rentreraient plus tôt le soir !
– Et le week-end, on prendrait la voiture et l'on subirait les embouteillages au retour…
– Imaginez la grande ville de vos rêves, demande Suzann.

Joue avec les mots

1 Relève dans le texte les 12 verbes conjugués au conditionnel présent.

....

....

....

2 Complète avec un pronom qui convient.

...... serais .... prendraient .... jouerions
...... ferait .... imagineriez .... pourraient
...... devriez .... écouterais .... grandirait

Entraîne-toi maintenant

Observe bien ce mot piège, tu le retrouveras dans la dictée.

3 Écris les verbes entre parenthèses au conditionnel présent.

1 Pour Noël, les enfants (préférer) .... une surprise.
2 Tu (courir) .... plus vite si tu t'entraînais.
3 Est-ce que vous (pouvoir) .... crier moins fort ?
4 J'(avoir) .... moins mal aux yeux avec mes lunettes.
5 Dans une grande maison, nous (inviter) .... plus d'amis.

4 Transforme les phrases comme dans l'exemple.

Exemple : Si la météo est bonne, nous partirons en excursion dans les îles.
→ Si la météo était bonne, nous partirions en excursion dans les îles.

1 Si le boulanger ferme sa boutique, il faudra acheter le pain ailleurs.

....

2 Si je suis malade lundi, je n'irai pas en classe.

....

3 Si tu lis beaucoup, tu seras très fort en orthographe !

....

4 Si vous dansez toute la nuit, vous dormirez toute la journée du lendemain.

....

Pour connaître la suite de l'histoire, fais maintenant la dictée 19 sur ton bloc !

20 Subjonctif présent

Conjugaison

Observe la règle

- Au subjonctif présent,tous les verbes ont les mêmes terminaisons :

	1er groupe		2e groupe	
e es e ions iez ent	il faut	que je mange que tu manges qu'il mange que nous mangions que vous mangiez qu'ils mangent	il souhaite	que je finisse que tu finisses qu'il finisse que nous finissions que vous finissiez qu'ils finissent

Sauf être : que je sois, tu sois, il soit, nous soyons, vous soyez, ils soient, et avoir : que j'aie, tu aies, elle ait, nous ayons, vous ayez, ils aient.

- Le mode subjonctif s'utilise pour exprimer une action que l'on souhaite, que l'on suppose, que l'on exige... On le trouve donc après les expressions : il est nécessaire que..., j'aimerais que..., je doute que..., pourvu que...

Lis attentivement le texte

MÉDECINE HUMANITAIRE

Suzann et Nadir ont projeté un film sur la faim dans le monde devant un public d'étudiants en médecine. Ils enregistrent le débat qui suit pour Téléjunior.

– Où que ce soit, c'est insupportable de voir des gens mourir de faim !

– Mais… il y a de la misère partout ! Que l'on vive dans un pays riche ou dans un pays pauvre.

– Ici, cela paraît impossible qu'il y ait une famine et que des gens meurent par milliers.

– Quoi que vous fassiez, ça ne changera jamais.

– Je ne suis pas d'accord, je viens d'un pays d'Afrique. Il faut que nous les aidions !

– Je ne crois pas que j'aie assez de courage.

– Moi, je vais essayer ; je veux faire partie d'une organisation humanitaire.

– Pouvons-nous t'interviewer, Carole ? demandent Suzann et Nadir. Comment se fait-il que tu aies ce projet ?

– Ma famille habite en Éthiopie. Je ne veux pas qu'on les oublie, que nous finissions par nous habituer à leur malheur.

Joue avec les mots

1 Relève les verbes du texte conjugués au subjonctif présent.

....

....

....

....

2 Entoure les verbes conjugués au subjonctif présent.

j'obtiens - nous pouvons

vous veniez - on sache

vous venez - tu prends - j'obtienne

vous fassiez - on sait - vous faites

tu prennes - nous puissions

~~~ Observe bien ce mot piège, tu le retrouveras dans la dictée.

Entraîne-toi maintenant

3 Écris aux temps demandés.

	indicatif présent	subjonctif présent
(boire)	il	il faut qu'il ....
(terminer)	je	il faut que je ....
(lire)	tu	il faut que tu ....
(envoyer)	on	il faut qu'on ....
(dormir)	nous	il faut que nous ....

4 Conjugue les verbes entre parenthèses au subjonctif présent.

1 Il fait trop froid pour que je (sortir) .... skier.

2 Pourvu que vous (penser) .... à son anniversaire !

3 Mes amis ont peur que tu (faire) .... une grosse bêtise.

4 J'aimerais que nous (avoir) .... tous les mêmes droits.

5 Il faut qu'ils (pouvoir) .... étudier le trajet.

6 C'est fort possible qu'elle (être) .... surprise de ce cadeau.

Pour connaître la suite de l'histoire, fais maintenant la dictée 20 sur ton bloc !
~~~

Liste de mots invariables

A
à côté
à peine
à travers
afin que
ailleurs
ainsi
alors
après
assez
au-dessous
au-dessus
aujourd'hui
auparavant
auprès
aussi
aussitôt
autant
autour
autrefois
autrement
avant

B
beaucoup
bien
bientôt

C
car
ceci
cela
cependant
certes
chaque
chez
combien
comme
comment
contre

D
d'abord
dans
davantage
debout
dedans
dehors
déjà
demain
depuis
derrière
dès
dès que
désormais
dessous
dessus
devant
donc
dont
dorénavant
durant

E
encore
enfin
ensuite
entre
et
exprès

F
fois

G
guère

H
hélas
hier
hors

I
ici

J
jamais
jusqu'à

L
là-bas
lentement
loin
longtemps
lorsque

M
maintenant
mais
malgré
mieux
moins

N
nombreux
néanmoins

P
par
parce que
parfois
parmi
partout
pendant
peu
plus
plusieurs
plutôt
pour
pourquoi
pourtant
pourvu que
près de
presque
puis
puisque

Q
quand
quelquefois
quoi
quoique

S
sans
sauf
selon
seulement
sinon
sitôt
soudain
sous
souvent
sur
surtout

T
tandis que
tant mieux
tant pis
tantôt
tard
tellement
tôt
toujours
tout à coup
toutefois
travers
très
trop

V
vers
vite
voici
voilà
volontiers
vraiment

Imprimé en France, sur les presses de l'imprimerie Hérissey à Évreux - France
Dépôt légal n° 73426 - Octobre 2007 - N° d'impression : 106305

Comment utiliser le Bloc Dictées

Le texte

Le texte des dictées se trouve sur des pages détachables au milieu du cahier. La dictée se fait sur le bloc. La feuille peut être détachée ou non du bloc.

Quelques conseils pour la dictée

- Lire le texte entier une fois à l'enfant.
- Dicter lentement chaque phrase du texte, en donnant la ponctuation.
- Relire une fois le texte entier.
- Demander à l'enfant de relire à haute voix le texte qu'il a écrit.
- Laisser du temps à l'enfant pour rectifier ce qu'il pense avoir mal écrit.

Les conseils de relecture

Au bas de chaque feuillet se trouvent de petits conseils de relecture. Ils sont adaptés à la notion étudiée. Ils ont pour objectif d'inciter l'enfant à avoir des réflexes, face à la difficulté rencontrée. Demander à l'enfant de bien relire son texte en suivant la méthode qui se trouve en bas de page. Lui rappeler également que chaque phrase commence par une majuscule et se termine par un point.

Correction de la dictée

Seuls les mots soulignés « comptent » dans le score final (10 points par dictée). Il faut bien sûr corriger les autres erreurs, en les faisant bien remarquer à l'enfant. Elles n'enlèvent cependant pas de point.

1 Les mots invariables

Silence ! On tourne... (suite)

Pour bien relire ta dictée :

- Souligne les mots invariables.
- Vérifie que tu as bien orthographié ceux qui sont construits à partir d'un adjectif en **ent** ou en **ant**.

/10

2 Les noms terminés par é, té, tié, ié

Les droits de l'enfant (suite)

Pour bien relire ta dictée :

- Entoure les noms en : é, té, tié, ié.
- Écris le genre M ou F en dessous, demande-toi s'il faut ajouter un **e**.
- Attention aux pièges !

/10

3 Les consonnes doubles

Un siècle d'inventions (suite)

Pour bien relire ta dictée :

- Lorsqu'une consonne est placée entre deux voyelles, souligne-la.
- Demande-toi si elle doit être doublée ou non.

/10

4 Les lettres finales muettes

Le professeur Médock, mécanicien du corps humain (suite)

Pour bien relire ta dictée :

- Souligne tous les noms et adjectifs de la dictée.
- Pour chacun, demande-toi si tu connais son féminin ou un mot de la même famille et ajoute une lettre finale muette si nécessaire.

/ 10

5 si/s'y – ni/n'y – leur/leurs

Expédition hivernale en Laponie (suite)

Pour bien relire ta dictée :

- Vérifie que tu n'as pas confondu : **si/s'y – ni/n'y – leur/leurs**, en identifiant la nature de ces mots ou en essayant de les remplacer comme il est conseillé de le faire dans la règle.

/10

6 quand/quant/qu'en – dans/d'en – sans/s'en

Roman policier : interview d'un auteur (suite)

Pour bien relire ta dictée :

- Vérifie que tu n'as pas confondu : **Quand/quant/qu'en – dans/d'en – sans/s'en** en essayant de les remplacer comme il est conseillé de le faire dans la règle.

/10

quel(s)/quelle(s)/qu'elle(s) – la/là/l'a – on/on n'

Le journal de 20 heures (suite)

Pour bien relire ta dictée :

- Vérifie que tu n'as pas confondu : **quel(s)/quelle(s)/qu'elle(s) – la/là/l'a – on/on n'** en essayant de les remplacer comme il est conseillé de le faire dans la règle.

/10

8 L'accord en genre et en nombre dans le groupe nominal (1)

L'Andalousie au rythme du flamenco (suite)

Pour bien relire ta dictée :

- Souligne les groupes nominaux.
- Vérifie que tu as bien accordé tous les éléments de chaque groupe nominal en genre et en nombre.

/10

9 L'accord en genre et en nombre dans le groupe nominal (2)

La peinture, une aventure en couleurs (suite)

Pour bien relire ta dictée :

- Souligne les groupes nominaux.
- Vérifie l'accord des adjectifs avec le nom ou les noms du groupe nominal.
- Attention au pluriel des adjectifs de couleur.

/10

10 Le pluriel des noms composés

Paul chez les brocanteurs (suite)

Pour bien relire ta dictée :

- Souligne les noms composés.
- Vérifie que tu as bien appliqué la règle pour les écrire au pluriel.

/10

11 L'accord sujet – verbe

Téléjunior et l'informatique (suite)

Pour bien relire ta dictée :

- Entoure les verbes conjugués.
- Souligne tous les sujets en posant la question **Qui est-ce qui + verbe ?**
- Vérifie que tu as bien accordé les verbes avec les sujets.

/10

12 L'accord du participe passé avec être et avoir

La tour Eiffel sans ascenseur (suite)

Pour bien relire ta dictée :

- Souligne les participes passés.
- Entoure les auxiliaires **être** et **avoir**.
- Vérifie que tu as accordé le participe passé avec le sujet ou avec le COD quand c'était nécessaire.

/10

13 Présent

Nadir découvre la plongée (suite)

Pour bien relire ta dictée :

- Entoure les verbes.
- Souligne les sujets en posant la question **Qui est-ce qui... ?**
- Vérifie la terminaison des verbes au présent.

/10

14 Futur

Un tir de la fusée Ariane (suite)

Pour bien relire ta dictée :

- Entoure les verbes.
- Souligne les sujets en posant la question **Qui est-ce qui... ?**
- Vérifie la terminaison des verbes au futur.

/10

15 Imparfait

Il était une fois... le 6 juin 1944 (suite)

Pour bien relire ta dictée :

- Entoure les verbes.
- Souligne les sujets en posant la question **Qui est-ce qui... ?**
- Vérifie la terminaison des verbes à l'imparfait.

/10

16 Passé simple

L'éruption de la montagne Pelée (suite)

Pour bien relire ta dictée :

- Entoure les verbes.
- Souligne les sujets en posant la question **Qui est-ce qui... ?**
- Vérifie la terminaison des verbes au passé simple.

/10

17 Passé composé et temps composés

Dans l'enfer de Verdun (suite)

Pour bien relire ta dictée :

- Entoure les verbes aux temps composés (auxiliaire + participe passé).
- Souligne les sujets en posant la question **Qui est-ce qui... ?**
- Vérifie que tu as accordé le participe passé avec le sujet ou le COD quand il le faut.

/ 10

18 Impératif présent

Respecte le code de la route ! (suite)

Pour bien relire ta dictée :

- Entoure les verbes à l'impératif présent.
- Vérifie que tu les as écrits correctement.

/10

19 Conditionnel présent

La ville de nos rêves (suite)

Pour bien relire ta dictée :

- Entoure les verbes au conditionnel présent.
- Souligne les sujets en posant la question **Qui est-ce qui... ?**
- Vérifie que tu as accordé ces verbes avec leur sujet.

/10

20 Subjonctif présent

Médecine humanitaire (suite)

Pour bien relire ta dictée :

- Entoure les verbes au subjonctif présent.
- Souligne les sujets en posant la question **Qui est-ce qui... ?**
- Vérifie que tu as accordé ces verbes à leur sujet.

/10

Voici quelques pages pour continuer à t'entraîner !

Tu peux, soit **recopier** une dictée dans laquelle tu as fait des erreurs, soit **écrire sans faute** un des textes de lecture (c'est encore une méthode pour travailler l'orthographe !)